Dr. Nathalie Penquitt

Manege frei für Freizeitpferde

Zirkuslektionen für Neugierige

CADMOS
PFERDEBÜCHER

Inhalt

Impressum

Cadmos Verlag GmbH, Brunsbek
Gestaltung und Satz: Ravenstein, Verden
Fotos: Christiane Slawik
Titelfotos: Christiane Slawik, Marianne Lins
Druck: Westermann Druck, Zwickau

Printed in Germany.

ISBN 3-86127-282-2

Zirkuslektionen schaffen ein besonders gutes Verhältnis zwischen Mensch und Pferd.

Manege frei!

Schon als ich noch ein kleines Kind war, übte Zirkus auf mich eine besondere Faszination aus. Stets hatten es mir besonders die Pferdenummern angetan. Damals wollte ich immer unbedingt herausfinden, wie die Pferde all diese tollen Kunststücke lernen konnten. Es war für mich ein großes Rätsel, warum ein Pferd den Kopf schüttelt, wenn es etwas gefragt wird, oder wie man es zum Sitzen überredet. Heute nun, viele Jahre später, habe ich einige Geheimnisse lüften können, viel gelernt und mir das eine oder andere selber ausgedacht.

In diesem kleinen Büchlein möchte ich etwas von diesem Wissen weitergeben. Es bietet Gelegenheit, Spaß an den Zirkuslektionen zu finden und ihre positive Wirkung auf das Verhältnis von Pferd und Mensch zu erkennen.

Häufig strecken sich Pferde auf diese Weise nach einer Ruhephase. Dieses Strecken ist das Vorbild für die Verbeugung.

Was sind Zirkuslektionen?

Wenn man Pferde beim Spiel mit Artgenossen, im Auslauf oder auf der Weide beobachtet, wird man viele der sogenannten Zirkuslektionen wiedererkennen. Der Begriff „Zirkus" hat in der Pferdeausbildung oft zu Unrecht einen negativen Unterton, weil man ihn mit unnatürlichen, erzwungenen Bewegungen verbindet. Die Lektionen liegen den Pferden aber bereits im Blut. Es ist nur die Frage, wie sie abgerufen werden können. Pferde sind so groß und schwer, dass man mit ihnen in vielen Situationen nicht so einfach umgehen kann wie beispielweise mit einem Hund. Soll der auf ein Podest hinaufsteigen, lässt sich viel leichter nachhelfen als bei einem Pferd. Auch der Spieltrieb, der viele Übungen erleichtert, ist bei Hunden ganz anders als bei Pferden. Aber auch Pferde spielen und zeigen Verhaltensweisen, aus denen sich spezielle Übungen entwickeln lassen. Nachfolgend sind ein paar typische Zirkuslektionen und deren Vorbilder aus dem Pferdealltag aufgezählt.

- Spanischer Schritt – Austreten mit den Vorderbeinen als Imponiergeste
- Kompliment – spielerisch, wenn der Gegner in die Vorderbeine beißt
- Verbeugen – Strecken, wenn der Tag beginnt
- Bergziege – wenn das Pferd auf oder in etwas nicht treten möchte, stellt es alle vier Beine eng zusammen, wie zum Beispiel beim Trinken aus einem See
- Podest – Erklimmen von Erhöhungen

Viele Zirkuslektionen haben ein Vorbild in der Natur.

Im Spiel zeigt das vordere Pferd ein Kompliment und das hintere kniet.

Pferde stellen sich von Natur aus gerne auf kleine Erhöhungen.

Welche Voraussetzungen sind notwendig?

Wenn man mit seinem Pferd Zirkuslektionen üben möchte, sind einige Voraussetzungen in der bisherigen Erziehung unumgänglich.

- Das Pferd sollte sich brav führen lassen. Es darf nicht vorauseilen oder sich hinterher ziehen lassen und es darf nicht drängeln.
- Das Pferd sollte präzise anhalten und ruhig stehen bleiben.
- Das Pferd sollte seinen Namen kennen und auf Stimmkommandos achten, damit es weiß, wann es angesprochen wird.
- Das Pferd darf keine Angst vor der Gerte haben, sollte sie aber respektieren und nicht nach ihr treten.

Wer diese Voraussetzungen mit seinem Pferd nicht erfüllt, sollte sich noch etwas Zeit nehmen und die Grunderziehung seines Pferdes vertiefen, bevor er sich an die Zirkuslektionen wagt. Ohne die richtige Grundlage kann sich ein Pferd schnell Unarten angewöhnen und die zirzensischen Übungen nicht korrekt erlernen. Am Ende würde es dann länger dauern, bis das Pferd mitmacht und die Übungen versteht, als wenn man vorher etwas mehr Zeit in eine solide Grundlage investiert. Geduld wird belohnt.

Weiterhin benötigt man einen Ort, an dem man in Ruhe üben kann. Ein kleiner Sandplatz mit trockenem Boden kann schon genügen. Es muss nicht unbedingt ein großes Viereck oder eine Reithalle sein. Ein Zaun wäre günstig, damit man mit dem Pferd auch frei üben kann. Wichtig ist, dass man nicht gestört wird und keinem ungebetenen Zuschauer etwas beweisen muss. Oft ist weniger mehr und die besten Erfolge stellen sich mit kleinen Schritten ein.

Auch wenn mit Arbeit zu rechnen ist, kommt Jack gerne zu Eike.

Ein Pferd sollte entspannt und am lockeren Strick neben seinem Ausbilder gehen.

Was bewirken Zirkuslektionen?

Zirkuslektionen haben viele positive Nebenwirkungen. Hier eine Auswahl dieser Effekte, die außerdem auch die Rittigkeit des Pferdes verbessern:

- Sie bieten Abwechslung, und das Pferd macht motivierter mit.
- Übungen wie beispielsweise die „Bergziege" verbessern das Gleichgewicht.
- Das Pferd wird gelenkiger und bekommt ein besseres Körpergefühl.
- Zirkuslektionen fördern das Vertrauen des Pferdes zu seinem Ausbilder.

Die Lektionen dienen also nicht nur dem Selbstzweck, sondern wirken sich positiv auf den Körper und die Psyche des Pferdes aus. Wer erst mal mit dieser Art Training begonnen hat, kann sicher bald erste Veränderungen an seinem Pferd beobachten. Vielleicht hört es besser, wenn man es im Auslauf ruft. Unkonzentrierte Pferde passen oft besser auf, wenn sie zum Mitdenken motiviert werden. Ängstliche Pferde bekommen durch die abwechslungsreichen Übungen mehr Selbstvertrauen.

Hinweis

Zirkuslektionen wirken sich positiv auf Körper und Geist des Pferdes aus.

Die Übung „Bergziege" auf dem kleinen Podest stellt hohe Anforderungen an Balance und Beweglichkeit des Pferdes.

Auch unter dem Sattel können so die Hinterbeine zum Untersetzen animiert werden.

Wie können Pferde lernen?

Bevor man beginnt, seinem Pferd Zirkuslektionen beizubringen, sollte man sich ein paar Gedanken gemacht haben, auf welche Weise man sich grundsätzlich am besten mit dem Pferd verständigen kann. Dazu gehört, dass immer ein bestimmtes Prinzip angewendet wird, um dem Pferd eine neue Übung zu vermitteln.

Hinweis

Pferde lernen gerne und gut durch positive Verstärkung.

Positive Verstärkung bedeutet, kleinste Schritte in die richtige Richtung bereits zu belohnen. Allmählich kristallisiert sich die Lektion heraus. Ein Stimmkommando wird jetzt eingeführt. Am Ende zeigt das Pferd die Lektion, wenn es mit der Stimme oder auch anderen Hilfen wie beispielsweise Zeichen mit dem Körper oder der Gerte dazu aufgefordert wird. Es folgt ein Kommando, das das Ende der Übung bedeutet, und die ganz wichtige Belohnung. Die Belohnung muss sehr schnell gegeben werden, damit das Pferd die Verbindung mit der Übung erkennt. Man sagt, dass nicht mehr als drei Sekunden vergehen dürfen. Das ist eine sehr kurze Zeit. Manchmal vergeht diese Zeit schon, bis das Leckerli aus der Tasche geangelt ist. Gibt es ein bestimmtes Lobwort oder benutzt man einen

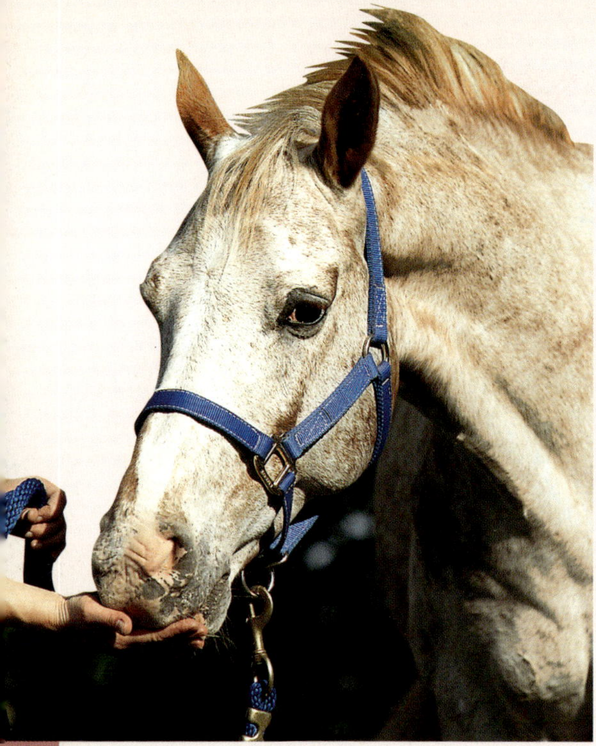

Eine Belohnung im richtigen Moment motiviert zu eifriger Mitarbeit.

Klicker, lässt sich die Zeitspanne etwas verlängern. Erfolgt das Klicken schnell im richtigen Moment, bleibt etwas länger Zeit, bis die durch den Klick angekündigte Belohnung erfolgen muss.

Es ist zu beobachten, dass Pferde mit der Zeit immer schneller lernen. Sie haben dann gelernt zu lernen und der Mensch hat den richtigen Draht zu seinem Pferd gefunden.

Welches Pferd eignet sich?

Grundsätzlich ist jedes Pferd für Zirkuslektionen geeignet. Dabei sollte allerdings beachtet werden, dass auch Pferde verschiedene Talente haben und nicht jede Lektion zu jedem Pferdetyp passt. Die Größe oder Rasse des Pferdes sind nicht so entscheidend für dessen Eignung. Vielmehr spielen viele andere Faktoren eine Rolle, wie zum Beispiel der Ausbildungsstand, das Temperament, der Bewegungsdrang oder auch der Spieltrieb. Je nach Charakter des Pferdes lassen sich besser und schlechter geeignete Übungen erkennen.

- Ruhige, gemütliche Pferde, die sich leicht entspannen, können möglicherweise leichter Übungen wie das Kompliment erlernen, tun sich dafür aber beim spanischen Schritt schwerer.
- Verspielte, aufgeweckte und neugierige Pferde spielen vielleicht gerne mit einem Ball oder apportieren einen Gegenstand.
- Ein Pferd mit Bewegungsdrang, gutem Gleichgewicht und präzisem Gehorsam erlernt besonders leicht den spanischen Schritt.
- Ist ein Pferd nervös und ängstlich, sind das keine guten Voraussetzungen, um das Hinlegen zu üben.

Hinweis

Es gibt Übungen, die jedes Pferd erlernen kann, und solche, für die ein Pferd besonders geeignet sein muss.

Mit der Zeit kann man sein Pferd einschätzen und die passenden Lektionen auswählen, die es besonders leicht erlernen kann. Das heißt aber nicht, dass man sich mit ein wenig Erfahrung nicht auch an die anfangs zu schwierigen Lektionen wagen darf.

Vertrauensvoll legt sich Smartie auf Kommando hin.

Canadian Amber zeigt eindrucksvoll, wie der spanische Schritt die Schulterfreiheit des Pferdes trainiert.

Beim spanischen Schritt kann ein Pferd gut überschüssige Energie herauslassen.

Ruhige, gemütliche Pferde wie Elkime erlernen besonders leicht das Kompliment.

Ein Pferd, das locker und willig rückwärts geht, ist bereit zur Mitarbeit.

Wann wird geübt?

Pferd und Ausbilder sollten gut gelaunt an die Sache herangehen, denn gerade beim Erlernen von Zirkuslektionen sollten sich beide gut verstehen. Für jede Übung gibt es günstige und ungünstige Zeiten. Es folgen einige Beispiele dazu. Am Anfang des Trainings fällt es manchen Pferden schwer, sich zu konzentrieren. Sie sollten mit einfachen Lektionen, bei denen sie aber aufpassen müssen, dazu gebracht werden, ihren Ausbilder zu beachten. Das Rückwärtsgehen ist dafür gut geeignet. Mit den Zirkuslektionen beginnt man erst, wenn sich das Pferd angenehm führen lässt. Wird das Pferd auch geritten, sollten die zirzensischen Lektionen erst nach dem Reiten verlangt werden, wenn das Pferd locker und entspannt ist. Nicht jeden Tag muss jede Lektion geübt werden. Das kann von der Stimmung abhängig gemacht werden. Ist das Pferd besonders munter, kann es gut spanischen Schritt gehen, wird sich aber vielleicht nicht in Ruhe zum Kompliment niederlassen.

Grundsätzlich sollte jede Übung nur kurz, also einige Minuten, geübt werden. War sie gut, hört man auf, solange noch alle Beteiligten Spaß an der Sache haben.

Hinweis

Neue Lektionen lernt das Pferd am schnellsten, wenn sie häufig, aber nicht zu lange trainiert werden, am besten täglich für ein paar Minuten.

Kann ein Pferd eine Lektion sicher, wird es sie nicht so schnell wieder vergessen, auch wenn wochenlang nicht mehr geübt wird. Hin und wieder gibt es den Effekt, dass eine Übung besonders gut gelingt, wenn sie einige Tage nicht trainiert wurde. Es entsteht beinahe der Eindruck, das Pferd hätte heimlich geübt. Möglicherweise war es vorher des Trainings ein wenig überdrüssig und geht nach einer Pause mit neuem Elan an die Aufgaben heran.

Die Hilfen

Wie auch beim Reiten gibt es ein bestimmtes Spektrum an Hilfen. Mit der Zeit wird sich jeder Pferdebesitzer sein eigenes System an Hilfen aufbauen, mit dem er sich gut mit seinem Pferd verständigen kann. Es gibt ein paar grundsätzliche Wirkungsweisen der verschiedenen Hilfen, die nachfolgend beschrieben werden.

Hinweis

Hilfen sollen für das Pferd leicht zu verstehen und unverwechselbar sein.

Stimme

Mit der Stimme kann ein Pferd gelobt oder aufmerksam gemacht werden. Man kann es freundlich ansprechen, wenn es etwas gut macht, oder ermahnen, wenn es sich ablenken lässt. Es sollte ein bestimmtes Wort geben, das für das Pferd immer bedeutet: Jetzt hast du es richtig gemacht, gleich kommt die Belohnung. Für jede Lektion muss ein unverwechselbares Kommando gefunden werden, das sich möglichst auf kein anderes reimt. Das Kommando sollte zu der Übung passen und für den Ausbilder leicht zu merken sein. Kurze und schnelle Lektionen erfordern kurze und zackige Kommandos. Für Übungen, bei denen es ruhiger zugeht, passt besser ein mehrsilbiges und weiches Wort. Die Stimmung der Lektion sollte sich in dem Kommando widerspiegeln.

Körpersprache

Die Körpersprache ist für Tiere sehr wichtig, weil sie für die Verständigung untereinander eine große Bedeutung hat. Das kann man sich zu Nutze machen, indem man mit seinem Körper für das Pferd verständliche Signale gibt.

Hinweis

Mit guter Körpersprache kann man Kommandos mehr Ausdruck verleihen, und erst dadurch bekommen sie die richtige Wirkung.

Die Haltung des Ausbilders überträgt sich stark auf das Pferd, es senkt den Kopf, weil der Mensch sich bückt.

Soll ein Pferd seitwärts ausweichen, muss man besonders auf die eigene aufrechte Haltung achten.

Hat ein Pferd Angst vor der Gerte, hilft es nicht, sie gar nicht zu benutzen. Dadurch lernt das Pferd nicht, dass eine Gerte ungefährlich ist und es sogar gelobt werden könnte, wenn es sie beachtet. Eine gute Übung, um die Angst zu nehmen, ist das Antippen eines Beines, bis es angehoben wird. Die anderen Beine sollen jeweils nicht bewegt werden. Hebt das Pferd das Bein, wird es gelobt. So kann es verstehen, dass es nicht weglaufen, sondern nur eine bestimmte Bewegung ausführen soll. Ein erster Schritt in Richtung Zirkuslektion ist gemacht. Diese Vorübung wird später für verschiedene Lektionen nützlich sein, wie zum Beispiel beim spanischen Schritt, dem Kompliment oder der Bergziege.

Die eigene Haltung sollte zu der Lektion passen. Soll das Pferd ausweichen, hält man sich aufrecht und macht sich groß. Geht es bei einer Übung darum, dass das Pferd einem Vertrauen entgegen bringen soll und es beispielsweise den Kopf senken muss oder sich knien oder legen soll, macht man sich kleiner und bückt sich ähnlich wie das Pferd. Soll das Pferd munter vorwärts gehen, darf man selber nicht dahinschleichen.

Gerte

Die Gerte ist ein sehr nützliches Hilfsmittel und darf vom Pferd nicht mit Strafe in Verbindung gebracht werden. Man kann mit ihr das Pferd an verschiedenen Stellen berühren, es antreiben oder ihm den Weg versperren. Es heißt auch, die Gerte sei der verlängerte Arm.

Jedes Pferd kann lernen, sein Bein ruhig anzuheben, wenn es mit der Gerte berührt wird.

Bei der Verbeugung wird die Hilfe mit der Gerte an der Gurtlage gegeben.

Erste Zirkuslektionen

Es gibt Zirkuslektionen, die sich gut für den Einstieg in dieses Gebiet eignen, da sie mit wenigen Hilfen dem Pferd leicht verständlich gemacht werden können. Eine solche Übung ist die Verbeugung, die deshalb hier als Erste ausgewählt wurde. Sie bietet eine gute Grundlage für das Kompliment, die Lektion, die an zweiter Stelle beschrieben wird. Die dritte und vierte Übung sollen Einblicke in die ganze Palette der Lektionen ermöglichen. Die verschiedenen Hilfengebungen und Lernschritte geben einen guten Überblick, wie eine Zirkuslektion erlernt werden kann. Es sollte immer erst dann der nächste Lernschritt erwartet werden, wenn die Übung so funktioniert wie beschrieben. Das kann einmal ganz schnell gehen oder auch einige Wochen dauern. Anhand der Beispiele wird man in die Lage versetzt, sich auch an weitere Zirkuslektionen heranwagen zu können. Mit der Zeit stellen sich immer schneller Erfolge beim Vermitteln einer neuen Lektion ein und der Schwierigkeitsgrad kann gesteigert werden. Außerdem wird der Ausbilder geschickter und kann die verschiedenen Hilfen immer besser koordinieren und im richtigen Moment anwenden. Durch die wachsende Erfahrung bekommt der Ausbilder eigene Ideen für das Training von Zirkuslektionen.

Um das Pferd für die Verbeugung gut anlocken zu können, dürfen die Vorderbeine nicht zu dicht nebeneinander stehen.

Verbeugen

Das Verbeugen ist eine Übung, die dem morgendlichen Strecken des Pferdes nachempfunden ist. Wer öfter sein Pferd morgens im Stall oder Auslauf besucht, konnte vielleicht schon einmal beobachten, wie es sich streckt, wenn es merkt, dass der Tag beginnt. Das Verbeugen ist eine relativ leicht zu erlernende Zirkuslektion, weil sie nicht so viel Geschick und Erfahrung vom Ausbilder verlangt und auch beim Pferd wenig vorausgesetzt werden muss.

Das Pferd steht mit ausgestreckten Vorderbeinen, lehnt sich nach hinten und senkt dabei den Bauch nach unten. Der Kopf wird entweder zwischen die Beine gesenkt oder nach vorne gehalten. Wenn das Pferd die Übung gut kann, lässt es den Rücken locker hängen und streckt die Beine gerade durch.

Voraussetzung

Das Pferd sollte ruhig stehen bleiben können, sonst wäre es zu früh für zirzensische Lektionen.

Um später die Übung auch mit der Gerte abrufen zu können, darf das Pferd keine Angst vor ihr haben.

Lernschritte

1. Zuerst wird das Pferd daran gewöhnt, den Kopf zu senken und ein Leckerli oder eine Möhre kurz vor seinen Vorderhufen dicht über dem Boden zu nehmen, ohne dabei rückwärts zu gehen. Dabei steht man am besten seitlich neben dem Pferd und schaut mit ihm in die gleiche Richtung.
2. Funktioniert das problemlos, reicht man die Möhre von hinten durch die Vorderbeine. Das Pferd weiß jetzt bereits, wo es suchen muss, und steckt die Nase zwischen die Vorderbeine. Zu diesem Zeitpunkt kann bereits ein Stimmkommando für diese Übung eingeführt werden.
3. Bevor man das Pferd herunterlockt, achtet man darauf, dass es mit den Hinterbeinen nicht so dicht an den Vorderbeinen steht und dass die beiden Vorderbeine nicht eng zusammen, sondern breit auseinander stehen. Wird das Pferd jetzt heruntergelockt, kann es den Kopf bequem zwischen die Beine stecken. Das ist nicht das Endziel, sondern eine Übergangsphase. In dieser Phase werden die Vorderbeine meist nicht ganz gerade durchgestreckt, sondern krümmen sich.

4. Bevor man das Pferd anlockt, wird es mit der Hand oder der Belohnung in der Gurtlage mitten unterm Bauch angetippt. Beginnt es nach der Belohnung zu suchen, fährt man fort wie gewohnt. Dieses Antippen wird später mit der Gerte die Hilfe für diese Lektion sein.
5. Inzwischen sollte sich das Pferd bei der Übung etwas nach hinten lehnen und mit dem Bauch dem Boden näher kommen. Die Belohnung wird jetzt nicht mehr so weit zurück gezogen und dichter unter den Bauch gehalten, damit das Pferd den Kopf nicht sehr weit durch die Beine stecken muss. Allmählich bleiben die Vorderbeine durchgestreckt, wenn sich das Pferd hinunter beugt.
6. Das Antippen unter dem Bauch zusammen mit dem Stimmkommando leitet die Übung ein. Damit das Pferd möglichst tief hinunter geht, kann noch etwas mit der Belohnung nachgeholfen werden. Zum Aufrichten gibt man dem Pferd auch ein Kommando, das die Lektion beendet. Das Pferd wird zum Schluss belohnt.

So sieht das Kompliment perfekt aus: Das eine Vorderbein ist gestreckt, der Kopf bleibt oben und das Pferd wartet, bis es die Übung beenden darf.

Kompliment

Das Kompliment ist eine Zirkuslektion, die bei Vorführungen gerne als abschließender Gruß verwendet wird. Beim Spiel mit Artgenossen zeigen Pferde das Kompliment, wenn sie sich gegenseitig in die Vorderbeine zwicken.

Die Lektion Kompliment ist schwieriger als das Verbeugen, weil sie vom Ausbilder mehr Koordination verlangt. Beim Kompliment stützt sich das Pferd auf dem Karpalgelenk des einen Vorderbeines ab und lässt das andere nach vorne aus gestreckt. Der Kopf bleibt dabei vorne und gerade vor dem Körper. Damit das Pferd so verharren kann, muss es sein Gewicht nach hinten verlagern.

Voraussetzung

Soll das Pferd das Kompliment erlernen, ist es günstig, wenn es bereits die Verbeugung beherrscht. Diese Voraussetzung ist nicht zwingend, erleichtert aber dem unerfahrenen Ausbilder das Training. Wie bei allen Zirkuslektionen sollte das Pferd stillstehen können und konzentriert zuhören. Weiterhin ist es hilfreich, wenn das Pferd das Bein anhebt, sobald man es mit der Gerte touchiert.

Lernschritte

Es gibt verschiedene Möglichkeiten, das Kompliment zu üben. Hier wird eine Möglichkeit beschrieben, wie man dem Pferd mit Belohnungen zeigen kann, was von ihm erwartet wird. Die Lektion erfordert Vertrauen zwischen Pferd und Mensch.

1. Zuerst lernt das Pferd mit der Nase einem Leckerli bis tief zum Boden zu folgen. Dann soll es das Leckerli auch noch finden, wenn es ihm von hinten durch die Vorderbeine gereicht wird.
2. Im nächsten Schritt hebt man mit der linken Hand das linke Vorderbein an. Dabei steht man parallel zum Pferd und schaut mit ihm in die gleiche Richtung. Jetzt sollte darauf geachtet werden, dass das rechte Vorderbein einen großen Abstand zu den Hinterbeinen hat und nicht zu weit hinten steht. So kann sich das Pferd leichter niederknien.
3. Sobald das Pferd verstanden hat, dass es sich einen Leckerbissen angeln kann, indem es sich danach bückt, wird es sich immer tiefer zum Boden hinablassen. Das angehobene Bein wird so geführt, dass immer ein wenig Gewicht in der Hand liegt und das Bein ungefähr einen rechten Winkel bildet. Irgendwann kann man das Bein auf dem Boden ablegen. Dabei muss das Vorderfußwurzelgelenk zuerst den Boden berühren, das Röhrbein liegt flach am Boden an. Auf keinen Fall darf der Huf zuerst die Erde berühren, das Pferd würde dann sofort aufstehen. Stützt sich das Pferd am Boden ab, bekommt es die Belohnung und wird zum Aufstehen aufgefordert. Damit muss man anfangs sehr schnell sein, sonst kommt es einem zuvor.
4. Während das Pferd die Belohnung anfangs unter dem Bauch erhält, geht man bald dazu über, sie vor den Vorderbeinen zu geben, wenn es sich auf dem gewinkelten Bein abstützt. Der Kopf soll dann nicht mehr zwischen die Beine gesteckt sein. Das war nur ein Übergang, bis das Pferd verstanden hat, was man von ihm möchte.
5. Stützt sich das Pferd immer sicher auf dem Boden ab, gibt es die Belohnung erst, nachdem die Lektion beendet und das Pferd zum Aufstehen aufgefordert wurde.
6. Das Pferd soll an die Hilfe mit der Gerte gewöhnt werden. Man beginnt die Übung, in dem man mit dem Griff der Gerte an das Röhrbein tippt. Hebt das Pferd das Bein, wird die Gerte weggelegt und weiter geübt wie gewohnt.
7. Das Vorderbein soll nun nicht mehr angefasst werden. Das Pferd kann sich leicht auf dem Gertengriff abstützen, bis es am Boden ankommt. Macht es sich zu schwer, klopft man einwenig gegen das Bein. Es muss darauf geachtet werden, dass der Huf nicht zu früh den Boden berührt, sondern angehoben wird, bis sich das Pferd auf dem Gelenk abstützt.
8. Die letzte Verfeinerung ist das Kompliment nur auf ein Stimmkommando, ohne das Pferd berühren zu müssen.

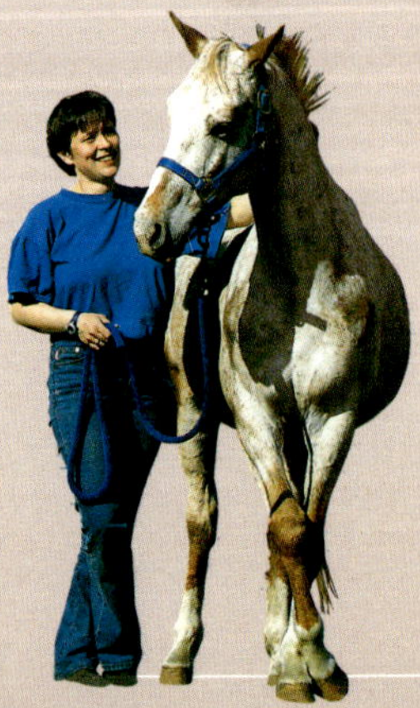

Bevor man das Bein anhebt, kann man mit der anderen Hand zum Halfter greifen, damit das Pferd still stehen bleibt.

Dann greift man um und lockt das Pferd nach unten.

Stützt sich das Pferd auf das angehobene Bein, kann es bis auf den Boden abgesenkt werden.

Zum Schluss gibt es möglichst weit vorne eine Belohnung, damit die Position für das Pferd angenehm ist.

Diese Lektion ist gutes Training für die Muskulatur von Rücken und Hinterhand.

Bergziege

Die „Bergziege" hat ihren Namen daher, dass das Pferd dabei aussieht wie eine Ziege, die auf einem Berggipfel steht. Diese Lektion wurde bereits von den alten Reitmeistern beschrieben. Sie dient dazu, die Beweglichkeit der Hinterhand so zu fördern, dass die Hinterbeine weit untergesetzt werden können. In der klassischen Dressur dient sie auch als Vorbereitung auf die Piaffe. Bei den Zirkuslektionen kann mit dieser Lektion das Hinlegen vorbereitet werden.

Bei der Bergziege lernt das Pferd, seine Hinterbeine weit unter den Körper bis nahe an die Vorderbeine heran zu setzen. Diese Stellung trainiert das Gleichgewicht des Pferdes. Dabei sollte der Kopf gesenkt werden, sodass sich der Rücken aufwölbt.

Voraussetzung

Bei dieser Übung darf das Pferd keine Angst vor der Gerte haben. Wenn man ein Bein touchiert, sollte es angehoben werden. Bei den Hinterbeinen ist es wichtig, dass das Pferd nicht nach der Gerte schlägt. Tut es das doch, übt man in Ruhe so lange weiter, bis das Bein locker gehoben wird. Das Pferd darf nicht bestraft werden, sonst kommt immer mehr Spannung in die Übung statt weniger.

Lernschritte

1. Am besten steht das Pferd auf dem Hufschlag, damit es sich nicht seitlich wegdrehen kann. Beim Üben mit einem Helfer steht der am Kopf des Pferdes und passt auf, dass es sich nicht vorwärts bewegt. Trainiert man alleine, muss das Pferd gelernt haben ruhig stehen zu bleiben, wenn man sich um es herum bewegt. Man steht auf der linken Seite neben dem Pferd und schaut nach hinten. Die Gerte wird dann mit der rechten Hand gehalten. Man streift mit ihr über die Kruppe abwärts bis zum Röhrbein und tippt dort an, bis das Bein gehoben wird. Zuerst das innere Bein. Dann wechselt man zum äußeren Bein ohne den Standort zu verändern.
2. Nachdem das Pferd gelernt hat, die Beine anzuheben, soll es sie jetzt ein Stück weiter vorne absetzen. Dabei geht man so vor, dass zunächst immer nur das Bein, das etwas weiter hinten steht, neben das andere geholt wird. Dabei sollte nicht immer das gleiche Bein hinten stehen. Will das Pferd sein Hinterbein nicht an der richtigen Stelle absetzen, hilft man mit der freien linken Hand nach, indem man das Bein über dem Sprunggelenk etwas nach vorne drückt. Jetzt sollte für die Übung ein bestimmtes Kommando

Nachdem das Pferd das Hinterbein angehoben hat, kann es mit der Hand an dieser Stelle nach vorne gedrückt werden.

eingeführt werden und das Pferd belohnt werden, wenn es in der gewünschten Position steht.

3. Hat man das Gefühl, das Pferd hat verstanden, worum es geht, ist Zeit für den nächsten Schritt. Das hinten stehende Bein wird an dem anderen vorbei unter den Pferdekörper geholt, dann wird dieses Bein nachgeholt. Dabei steht man immer seitlich neben dem Pferd. Sollte das Pferd einmal ausschlagen, kann es einen dort nicht treffen. Am besten legt man die linke Hand auf die Kruppe und behält so immer Kontakt zum Pferd.
4. Auf Touchier- und Stimmhilfe können beide Hinterbeine in kleinen Schritten immer weiter unter den Pferdekörper geholt werden. Die Belohnung wird tief und so, dass der Hals gerade bleibt, gegeben. Anschließend darf das Pferd nach Aufforderung einen Schritt nach vorne machen. Die Lektion wird nie durch einen Schritt nach hinten aufgelöst.

Podest

Das Erklimmen eines Podests ist nicht sehr schwierig und kann von Pferden mit verschiedenem Können erlernt werden. Die meisten Pferde führen dieses Kunststück sehr gerne aus, wenn es zu ihrem Repertoire gehört. Das Podest muss sehr standfest und stabil sein, damit es nicht zu Verletzungen kommt oder die Pferde das Vertrauen verlieren, weil sie damit umkippen.

Die Übung besteht daraus, dass das Pferd die Vorderbeine gezielt auf eine Erhöhung setzt. Das kann auch einmal nützlich sein, wenn das Pferd

Steht ein Pferd so sicher auf dem Podest wie Chief, sind solche Schnappschüsse möglich.

eine Stufe nehmen muss, vor der es Angst hat. Hat es gelernt, der Aufforderung zu folgen, auch auf etwas Unbekanntes hinauf zu steigen, kann das beispielsweise an einer Anhängerrampe hilfreich sein.

Voraussetzung

Das Pferd sollte sich gut führen und präzise an einer Stelle anhalten lassen. Es muss willig die Vorderhufe geben und sich die Vorderbeine nach vorne strecken lassen.

Lernschritte

1. Wenn man beginnt, am Podest zu üben, ist es günstig, einen Helfer zu haben. Der Anfang ist dann wesentlich einfacher. Das Pferd wird in einem Abstand vor das Podest gestellt, der es ermöglicht, ein Vorderbein gestreckt auf dem Podest abzustellen. Das Pferd kann das Bein dann leichter belasten als wenn es gekrümmt wäre. Eine Person stellt sich dem Pferd gegenüber. Sie lockt das Pferd, beispielsweise mit einer Möhre, aufwärts und nach vorne, aber erst wenn ein Huf vom Helfer auf dem Podest abgestellt wurde. Es gibt Pferde, die sich auf Anhieb darauf einlassen, auf das Podest zu steigen. Sie belasten das Bein, das bereits oben steht, und machen einen Schritt nach vorne. Andere Pferde zögern länger und müssen in Ruhe an die Berührung mit dem Podest gewöhnt werden. Der Helfer achtet dann darauf, dass das zweite Bein auf dem Podest landet und nicht knapp daneben. Anfangs zielen die Pferde von alleine oft nicht richtig und werden verunsichert, wenn sie dann keinen Boden unter den Huf bekommen. Steht das Pferd oben, wird es belohnt. Kurz danach schickt man es mit einem Schritt zurück auf Kommando wieder abwärts, damit es nicht von selbst entscheidet, wann die Übung beendet wird.
2. Mit der Zeit sollte das Pferd selbständig darauf achten, das zweite Bein richtig abzusetzen.
3. Wenn das funktioniert, übt man, dass das Pferd das erste Bein von alleine auf das Podest setzt. Dabei ist es hilfreich, wenn das Pferd gelernt hat, ein Bein anzuheben, wenn es mit der Gerte touchiert wird. Touchiert man das Bein jetzt vor dem Podest, fällt es

Damit das Pferd bequem auf das Podest klettern kann, sollte das erste Bein gestreckt darauf gestellt werden.

Das Pferd wird nach oben angelockt.

Der Helfer greift schnell zu, um das zweite Bein in die richtige Position zu bringen.

nicht mehr schwer, den Schritt auf das Podest zu entlocken. Wichtig ist, auch jetzt noch den richtigen Abstand zum Podest vorzugeben. Steht das Pferd zu dicht, wird es versuchen, einen Schritt über das Podest zu machen.

4. Das Pferd soll nur auf Kommando ohne Touchierhilfe auf das Podest steigen. Man achtet nur darauf, es passend davor zu führen.

Von Anfang an sollte ein Stimmkommando zu der Übung gehören, wie zum Beispiel „Stufe" oder „Hoch!", das mit keinem anderen Kommando verwechselt werden kann.

Ja und Nein

Das Pferd nickt mit dem Kopf oder schüttelt ihn. Besonders witzig ist der Effekt, wenn dem Pferd verschiedene Fragen gestellt werden können, die es entweder mit „Ja" oder mit „Nein" beantwortet.

Voraussetzungen

Wie für alle anderen Zirkuslektionen auch sollte das Pferd gut erzogen sein, stillstehen können und zuhören. Die Übungen sind ungünstig für ein Pferd, das sehr unruhig mit dem Kopf ist, mit ihm schlägt und sich nicht an die Ohren fassen lässt.

Lernschritte

Die Wirkung dieses Kunststücks ist am größten, wenn das Pferd verschiedene, beliebige Fragen mit der gewünschten Reaktion beantwortet. Der Trick ist, die Fragen, die als Kommando dienen, so zu stellen, dass sie ein Schlüsselwort für die gewünschten Antworten enthalten, das immer gleich ist. Es könnte beispielsweise eine Frage, die mit „Wollen wir...?" beginnt, immer mit einem Kopfnicken beantwortet werden. Fragen, die mit

Stellt man die richtige Frage, bekommt man von Spiky ein Kopfschütteln als Antwort.

Kopfschütteln beantwortet werden sollen, könnten dann einen anders klingenden Anfang haben, wie zum Beispiel „Bist Du...".

Beginnen wir mit den Lernschritten für das „Ja":

1. Ein Leckerli wird so geführt, dass das Pferd eine Nickbewegung machen muss, wenn es ihm folgt. Dann bekommt es das Leckerli.
2. Lässt sich die Nickbewegung leicht auslösen, gibt man dazu ein Stimmkommando, also beispielsweise „Wollen wir?" Dann wird das Pferd mit dem ihm bekannten Wort oder einem Klick gelobt und erhält danach seine Belohnung
3. In der nächsten Phase beginnt die Übung mit dem Kommando. Zögert das Pferd noch zu lange, kann mit einer Handbewegung, die an das Reichen des Leckerlis erinnert, nachgeholfen werden. Es folgen Lob und Belohnung.
4. Mit der Zeit sollte nur noch deutliches Kopfnicken belohnt werden. Ist die Reaktion des Pferdes zu schwach, wird das Kommando wiederholt. Besonders gutes Nicken wird überschwänglich gelobt.
5. Zur weiteren Übung wird das Kommando in ganze Sätze eingebaut.

Es gibt noch eine andere Methode, Pferde das Nicken zu lehren. Dabei wird ihnen mit einem spitzen Gegenstand in die Brust gepiekst. Sie wollen dann danach schnappen, was aussieht wie ein Nicken. Mir gefällt diese Methode nicht, weil sich manche Pferde sehr ärgern und die Stimmung zu aggressiv wird.

Die Lernschritte für das „Nein" sind ähnlich aufgebaut. Allerdings lässt sich ein Kopfschütteln leichter auslösen als das Nicken, und zwar indem das Pferd am Ohr gekitzelt wird.

1. Mit einem Finger kitzelt man das Pferd am oder im Ohr, bis es sich schüttelt. Dafür erhält es eine Belohnung.
2. Beginnt das Pferd den Zusammenhang zu verstehen, gibt man dazu ein Kommando. In unserem Beispiel lautet es „Bist Du?" Hat es sich geschüttelt, wird es auf vertraute Art und Weise gelobt und belohnt.
3. Im nächsten Schritt erfolgt zuerst das Stimmkommando, danach die Handbewegung, die das Pferd zum Schütteln bringt. Diese Handbewegung wird nun immer weiter reduziert.
4. Das Kommando wird in ganze Sätze eingebaut.

Man könnte sich auch überlegen, die entscheidenden Frageworte am Ende der Sätze unterzubringen, damit das Pferd nicht zu früh antworten kann, aber das ist nicht so gut praktikabel. Meist verzögert sich die Reaktion sowieso etwas, wodurch der zeitliche Ablauf dann doch passt.

Auf weichem Boden kniet der kleine Nappo sich gerne hin.

Weitere typische Zirkuslektionen

Die Vielfalt der Zirkuslektionen ist groß. Nachfolgend sind einige typische Übungen aufgezählt. Auch wenn man mit seinem Pferd fleißig übt, wird es immer etwas geben, das noch nicht zum Repertoire gehört und für das es sich lohnt, weiter zu trainieren. Allerdings sollte man versuchen, auf das spezielle Talent seines Pferdes einzugehen.

Nicht jedes Pferd kann alles können. Dem einen liegt diese Lektion mehr, dem anderen jene Lektion.

Knien

Das Pferd stützt sich beidseitig auf dem Vorderfußwurzelgelenk ab. Bevor man sich an diese Übung heranwagt, sollte sich das Kompliment auf leichte Hilfen hin abrufen lassen. Dann fällt der Übergang zum Knien nicht mehr so schwer, wenn nun auch das zweite Bein touchiert wird. Eventuell kann ein Helfer nützlich sein, der das zweite Bein mit der Hand anwinkelt. Das Knien ist auch eine gute Vorübung, wenn das Pferd das Liegen lernen soll.

Spanischer Schritt

Im normalen Schrittrhythmus hebt das Pferd abwechselnd die Vorderbeine besonders hoch und streckt sie nach vorne aus. Diese Lektion wird gerne mit spanischen Hengsten bei Schauen gezeigt, kann aber auch von jedem anderen Pferd erlernt werden. Der spanische Schritt dient außerdem als nützliche Vorbereitung auf die Passage.

Liegen

Beim Hinlegen auf Kommando lassen sich das flache und das aufrechte Liegen unterscheiden. Für das Fluchttier Pferd ist das Liegen auf Kommando keine einfache Lektion. Besonders in fremder Umgebung kostet es ein Pferd viel Überwindung, sich hinzulegen und zeugt von Vertrauen zu seinem Ausbilder. Das Hinlegen sollte nicht durch rigorose Zwangsmaßnahmen erreicht werden, sondern mit viel Geduld und Einfühlungsvermögen.

Bis zwei Pferde so fotogen nebeneinander sitzen, sind viele Übungsstunden vergangen.

Sitzen

Meist entsteht das Sitzen, wenn das Aufstehen aus der Übung Liegen unterbrochen wird. Das Hinsetzen aus dem Stand dagegen ist für Pferde sehr schwierig und wird nur von wenigen erlernt. Ein sitzendes Pferd ist immer beeindruckend und kommt in Schaubildern gut an. Hat das Pferd erst einmal das Liegen gelernt, ist das anschließende Sitzen in den meisten Fällen kein großes Problem mehr.

Steigen

Das Steigen als zirzensische Lektion unterscheidet sich von dem Steigen in der klassischen Dressur als Ausdruck besonderer Versammlung. Man sollte sich sehr gut überlegen, ob man seinem Pferd das Steigen beibringt. Es kann schnell zur Unart werden und ist sehr lästig, wenn das Pferd es von sich aus anbietet.

Apportieren

Das Pferd hebt Gegenstände mit dem Maul hoch und bringt sie zum Ausbilder. Nicht jedes Pferd bietet das Apportieren an. Manch eines käme nie auf die Idee, in einen Gegenstand zu beißen. Bei anderen ist es dagegen eine schlechte Angewohnheit, die besser nicht verstärkt werden sollte. Man muss also gut abwägen, bei welchem Pferd diese Lektion zum Repertoire gehören könnte.

Winken

Das Pferd streckt ein Vorderbein in die Luft. Diese Übung ist nicht sehr schwer zu erlernen. Sie kann auch unter dem Sattel gezeigt werden. Das Pferd sollte unterscheiden können, ob es mit dem linken oder rechten Bein winken soll.

Verspielte Pferde haben an der Lektion „Apportieren" großen Spaß.

Bestimmte Haltungen oder Positionen können das Zeichen für eine Lektion sein. Deutlich zu sehen ist der Spaß, den diese beiden dabei haben.

Überkreuzen der Vorderbeine

Ein Vorderbein kreuzt das andere. Dabei können beide Hufe abgesetzt sein oder das kreuzende Bein bleibt in der Luft. Dieses Kunststück wirkt gut, wenn Mensch und Pferd gleichzeitig die Beine kreuzen. Sie können sich gegenüber oder nebeneinander stehen. Beides ist zu erlernen und hat seinen eigenen Reiz. Stehen sich Mensch und Pferd gegenüber, hat die Übung etwas von einem Tanz, nebeneinander wirkt es besonders lässig.

Neugierig rollt Campino den großen Ball durch den Auslauf.

Fußball spielen

Pferde können leicht einen großen Ball vor sich her rollen. Sie treten dabei meist mit dem ganzen Bein dagegen und nicht gezielt mit dem Huf. Der Ball muss deshalb sehr groß sein.

Mehr Ideen

Mit diesen paar Lektionen sind wir noch lange nicht am Ende der möglichen Übungen. Der Fantasie sind fast keine Grenzen gesetzt. Um der Fantasie ein wenig auf die Sprünge zu helfen, werden nachfolgend einige Kunststücke beschrieben, die sich zum Teil zufällig ergeben haben. Wenn man viel Zeit mit seinen Pferden verbringt, kennt man ihre besonderen Gewohnheiten und kann sich das zunutze machen. Vielleicht gibt es ein Pferd, das sich immer schüttelt, wenn ihm der Sattel abgenommen wird. Ein anderes gähnt häufig, wenn es die Reitbahn verlässt. Das nächste Pferd hebt gerne seinen Futtereimer hoch, wenn es ihn leer gefressen hat. Die Liste der Beispiele ließe sich fortsetzen, aber sicher kommen dem pferdebegeisterten Leser bereits eigene Ideen in den Kopf.

Hinweis

Beinahe jedes Verhalten, das ein Pferd zeigt, kann zu einer Übung werden, die sich abrufen lässt.

Nachfolgend wird beschrieben, wie ein zufällig gezeigtes Verhalten zu einer zirkusreifen Lektion wird.

Mit etwas Gespür für den richtigen Moment kann das Gähnen zur abrufbaren Lektion werden.

Der erhobene Zeigefinger hat für Toffifee eine ganz besondere Bedeutung.

Unser Shetty Campino beginnt oft zu gähnen, wenn er nach seiner Übungsstunde aus der Halle geführt wird. Nachdem uns das aufgefallen war, haben wir begonnen, ihn dafür zu belohnen. Schon bald konnte man darauf warten, das er wieder gähnt. Jetzt kam uns der Klicker zugute. Im Moment des Klicks wusste Campino, dass er das Richtige tut, und gähnte genüsslich zu Ende. Hätten wir ihn gleich mit Futter belohnt, hätte das Kauen gestört und das Gähnen beendet. Die Belohnung folgt erst kurz nach dem Gähnen. Schon bald hatte Campino eine Idee, worum es geht. Ein Stimmkommando sollte eingeführt werden, das immer gleichzeitig zum Gähnen gegeben wird. Als Campino wusste, welches Wort zum Gähnen gehört, konnte es als Kommando eingesetzt werden und die Übung allmählich zuverlässiger gemacht werden.

Auf Wunsch reckt sie ihren Kopf in die Höhe und flehmt ausgiebig.

Ganz ähnlich erging es uns mit dem Shetty Toffifee. Toffifee liebt es, sich ausgiebig zu wälzen. Immer wenn sie damit fertig ist, beginnt sie zu flehmen. Die Idee zu einer neuen Lektion für Toffifee lag auf der Hand. Jetzt flehmt sie auf Kommando, und wenn sie ihren Kopf zum Betteln durch den Zaun steckt, reißt sie energisch ihre Oberlippe hoch. Pferde können auch anders betteln als nur mit Scharren. Wenn sie verschiedene Kunststücke beherrschen, benutzen sie gerne ihre neueste Errungenschaft, um damit Aufmerksamkeit zu erregen und ein Leckerli zu ergattern. Darauf darf man nicht immer eingehen, sonst wird das Pferd verzogen und bringt sehr bald alles durcheinander.

Auch unser drittes kleines Pony namens Nappo kann etwas Witziges mit seinem Maul. Es zieht die Lippen auseinander wie ein Schimpanse. Man könnte meinen, Shettys haben ein besonderes Talent für Kunststückchen mit ihrem Maul. Zumindest haben sie eine gute Auffassungsgabe und sind ständig daran interessiert, etwas Neues zu lernen. Eines können sie allerdings überhaupt nicht gut: Geduldig stillstehen und abwarten, was als Nächstes kommt.

Auch das ist möglich: Auf ein Handzeichen zieht Nappo seine Lippen auseinander.

Sollen Pferde mehrere Lektionen erlernen, bei der sie das gleiche Körperteil einsetzen, können sie diese leicht verwechseln. So muss das Pferd beispielsweise immer mit den Vorderbeinen agieren, wenn spanischer Schritt, Winken, Beine überkreuzen oder das Kompliment verlangt werden. Dann zeigt es sich, wie gut es sich etwas merken kann und wie deutlich die Hilfengebung des Ausbilders ist. Durch die Kombination mehrerer Hilfen kann dem Pferd die Abgrenzung der verschiedenen Lektionen erleichtert werden. Man kann sich beispielsweise bei der einen Lektion auf die linke Seite des Pferdes stellen und bei einer ähnlichen auf die rechte Seite. So bekommt das Pferd ganz nebenbei einen Hinweis, welche Lektion gemeint ist. Manchmal kann es aber auch sinnvoll sein, wenn eine Lektion sich abrufen lässt, egal ob man rechts oder links steht.

Auch der Ort, an dem die Übung stattfindet, kann etwas Bestimmtes bedeuten. So soll sich das Pferd zum Beispiel nie auf dem Hufschlag hinlegen, sondern sich dort nur in die Position der Bergziege begeben.

Man sieht, was alles, außer den auf den ersten Blick ersichtlichen Hilfen, dazu beitragen kann, dass eine Übung vom Pferd erkannt wird.

Ein Ausblick

Von der ersten Zirkuslektion bis zum ersten Auftritt ist es ein weiter Weg, aber vielleicht doch nicht so weit, wie man zunächst meint. Es geht sehr schnell, dass man ein paar Besuchern am Stall zeigt, was das eigene Pferd Besonderes kann. Gerade Nicht-Reiter freuen sich über ein lustiges Kunststück. Und schon hatte man seinen ersten kleinen Auftritt. Ehe man sich versieht, wird man gebeten, bei der nächsten Weihnachtsfeier das Programm zu bereichern. Das ist eine gute Gelegenheit zwar in gewohnter Umgebung, aber mit ungewohntem Publikum zu üben. Wenn alles klappt, werden schon die ersten Neugierigen fragen, wie das Pferd so etwas lernen konnte. Vielleicht beginnt man, die eigenen Erfahrungen weiterzugeben und bekommt die Möglichkeit, mit einem anderen Pferd zu üben. Je mehr man sich mit dem Thema beschäftigt, desto größer wird der Wissensdurst. Weitere Bücher werden gelesen oder Kurse besucht. Die Vorführungen auf Pferdemessen oder Galashows erscheinen in einem anderen Licht. Man schnappt Ideen auf und fragt sich: Wie kann ich das nachmachen? Sicher kann man hin und wieder die Hilfen erkennen, die dem Showpferd gegeben werden, wenn man seinen Blick dafür geschärft hat.

Mit einem geeigneten Pferd, ein wenig Talent und den passenden Gelegenheiten können weitere Auftritte folgen. Aber auch, wenn man stets nur für sich übt, wird man einen großen Erfolg haben: Das bessere Verhältnis zu seinem Pferd!